Ursula Harper
Reinhard Abeln

Bleib behütet und beschützt

Herzliche Segenswünsche zum Schulanfang

D1666121

benno

Gebet am Morgen
des ersten Schultages

Lieber Gott,
heute ist mein erster Schultag.
Ich freue mich darauf.
Aber ich habe auch etwas Angst,
es kribbelt ein bisschen im Bauch.
Ich weiß ja nicht,
wie es in der Schule ist.
Ob ich dort eine nette Lehrerin habe?
Ob ich dort gute Freunde finde?
Ob ich dort das Lesen lerne?
Ob ich dort alles verstehe?
Lieber Gott, ich bitte dich:
Gib mir einen guten Anfang!
Sei immer bei mir!
Das wünsche ich mir.
Amen.

Ich habe Augen und Ohren

Ich habe zwei gesunde *Augen*.
Mit ihnen kann ich alles sehen:
die Schule,
mein Klassenzimmer,
die Lehrerin/den Lehrer,
meine Schulkameraden ...
Ich bin froh,
dass ich zwei gesunde Augen habe.

Ich habe zwei *Ohren* und kann hören.
Ich höre, wenn meine Lehrerin/
mein Lehrer spricht,
wenn ein Auto auf dem Schulweg hupt,
wenn in der Schule die Glocke läutet ...
Es ist schön,
dass ich hören kann.

Ich habe Hände und Füße

Ich habe zwei gesunde *Hände*.
Damit kann ich in der Schule viel tun:
malen und schreiben,
werfen und fangen,
etwas halten und tragen,
die Hände falten ...
Wie schön ist es,
dass ich zwei gesunde Hände habe!

Ich habe zwei gesunde *Füße*.
Damit kann ich zur Schule gehen,
auf dem Schulhof spielen,
mit meinen Klassenkameraden
hüpfen und springen ...
Ich bin froh,
dass ich das alles kann.

Ich habe einen Verstand und eine Stimme

Ich habe einen *Verstand*.
Damit lerne ich denken und lesen,
rechnen und schreiben,
fragen und antworten ...
Wie gut ist es,
dass ich einen Verstand habe!

Ich habe auch eine *Stimme*.
Damit kann ich sprechen und lachen,
rufen und singen,
schreien und flüstern ...
Ich freue mich,
dass ich eine Stimme habe.

11

Bitte an den Schutzengel

Heiliger Schutzengel,
halte meine Hand,
dass ich mit viel Freude
in die Schule gehe!

Halte meine Hand,
dass ich gut schreiben, lesen
und rechnen lerne!

Halte meine Hand,
dass ich mich mit meinen
Mitschülern gut vertrage!

Halte meine Hand,
dass mir auf meinem Schulweg
nichts passiert!

Ich danke dir für deine Hilfe.
Amen.

Das wünsche ich mir ...

... dass mir das Lernen in der Schule
    großen Spaß macht,
... dass ich Lehrerinnen und Lehrer habe,
    die mich verstehen,
... dass ich nette Klassenkameraden bekomme,
... dass mir meine Eltern helfen,
    mich in der Schule wohlzufühlen,
... dass ich nicht gleich aufgebe,
    wenn mir etwas nicht sofort gelingt,
... dass ich mich nach einem Streit
    mit meinen Mitschülern schnell
    wieder vertrage,
... dass ich nicht nur am ersten Schultag,
    sondern jeden Tag fröhlich in die Schule gehe,
... dass der liebe Gott und sein Engel
    immer bei mir sind.

Ich wünsche mir, dass alle meine Wünsche in Erfüllung
gehen mögen.

Selber lesen macht groß

Bald kommt Anna in die Schule. Sie hat schon einen
Schulranzen und ein Mäppchen mit Farbstiften drin und
einen Malblock und ein Heft mit Schreiblinien.
Nur Bücher hat sie noch keine. Die bekommt sie erst,
wenn die Schule richtig losgeht. Aber die Mama hat ihr ein
altes Lesebuch geschenkt. Es ist das Lesebuch, mit dem
sie lesen gelernt hat, als sie so klein war wie Anna.
Anna setzt sich mit dem Lesebuch zur Mama in die Küche.
Links und rechts von ihr sitzen Paule Bär und die Puppe
Popeia.
„Ruhe!", sagt Anna. „Ich muss jetzt lesen!"

Sie schlägt das Buch auf. Es sind bunte Bilder darin. Unter den Bildern stehen Buchstaben – viele schwarze Buchstaben in langen Reihen. Anna fährt mit dem Zeigefinger die Zeilen entlang. Vielleicht hat sich irgendwo ein Buchstabe versteckt, den sie kennt. Ein A vielleicht. Das kann sie schon lesen. Aber nirgends findet sie ein A.

Anna blättert weiter. Da ist ein Bild mit einem kleinen Mädchen. Es sitzt im Hof neben seinem Puppenwagen und weint. Auf der Mülltonne hockt eine Katze. Eine Frau mit einer Einkaufstasche kommt auf das Mädchen zu. Anna schaut das Bild an.

„Warum weint das Mädchen, Mama?", fragt sie.

Die Mama schaut ihr über die Schulter, liest still für sich die Geschichte, die da steht, und sagt: „Das Mädchen wollte die Katze in den Puppenwagen legen. Da hat die Katze sich gewehrt und das Mädchen gekratzt."

„Und die Frau?", fragt Anna.

„Es ist die Frau, der die Katze gehört", antwortet die Mama.

Anna betrachtet die Frau. Sie sieht streng aus.
„Sie schimpft das Mädchen aus, nicht wahr?", sagt Anna.
Aber die Mama schüttelt den Kopf. „Nein, nein! Sie tröstet
das Mädchen und erklärt ihm, dass Katzen klettern und
springen und jagen. Sie mögen es nicht, wenn man sie in
einen Puppenwagen legt."
Anna schaut die kleinen schwarzen Buchstaben unter dem
Bild an. „Steht das alles da?", fragt sie. Die Mama nickt.
Anna blättert um. „Und was steht hier?"
„Hier steht: Es war einmal ein kleines Haus. Darin wohnte
ein Mädchen namens Anna mit Paule Bär und ihrer Puppe
Popeia. Eines Tages ..."
„Das ist geschwindelt!", ruft Anna dazwischen. Sie legt
die Hand auf die Seite. „Du musst richtig lesen."

Aber die Mama hat keine Zeit. Sie muss hinaus in den Garten. „Selber lesen macht groß!", lacht sie und schlüpft in ihre Gartenschuhe. Da klappt Anna das Lesebuch zu und packt es in den Schulranzen.

„Wartet nur", sagt sie zu Paule Bär und der Puppe Popeia. „Wenn ich erst lesen kann, dann lese ich euch alles vor, was da steht!"

Sie kann es kaum abwarten, bis die Schule losgeht.

Renate Schupp

Manche Kinder können nicht zur Schule gehen

Heute gehen viele Jungen und Mädchen
zum ersten Mal zur Schule.
Es gibt aber auch Kinder,
die nicht so wie ich
zur Schule gehen können.
Manche sind krank und liegen im Bett –
zu Hause oder im Krankenhaus.
Sie haben Fieber, Kopfweh,
Husten oder Halsschmerzen
und möchten wieder gesund werden.
Wieder andere Kinder leben dort,
wo es gar keine Schule gibt.
Ich will an diese Kinder denken.
Sie sollen auch glücklich
und froh sein – so wie ich.

„Lasst die Kinder kommen!"

Einmal wollten Eltern ihre Kinder zu Jesus bringen. Er sollte sie berühren und segnen. Darüber ärgerten sich die Jünger. Sie schimpften und wollten die Leute wegschicken.

Als Jesus das sah, fuhr er seine Jünger an. Er sagte: „Lasst die Kinder zu mir kommen und haltet sie nicht zurück! Denn sie gehören mehr zu Gott als ihr alle."

Weiter sagte er zu den Jüngern: „Wenn ihr nicht werdet wie die Kinder, werdet ihr nie zu Gott kommen."

Dann rief Jesus die Kinder zu sich, schloss sie fest in die Arme, legte ihnen die Hände auf den Kopf und segnete sie.

Nach Markus 10,13–16

Auch dich hat Jesus lieb. Bitte ihn mit deinen Eltern um seinen Segen für einen guten Start in dein erstes Schuljahr!

Gebet am Abend des ersten Schultages

Lieber Gott,
heute bin ich zum ersten Mal
zur Schule gegangen.
Es war ein schöner Tag.
Alle waren freundlich zu mir:
meine Lehrerin/mein Lehrer, der Pfarrer,
meine Eltern und Großeltern,
meine Klassenkameraden.
Ich bitte dich:
Lass mich an allen Schultagen
viel Freude haben!
Sei du bei mir,
wenn ich jetzt wichtige
und schöne Dinge lernen darf! Amen.

Nachwort für die Eltern

Liebe Eltern!

Sie haben den Wunsch, dass Ihr Kind einen guten Start in die Schulzeit bekommt. Sie wollen ihm helfen, zu lernen und zu einem tüchtigen Menschen heranzureifen.
Das vorliegende Album soll Ihr Kind ein ganzes Leben lang an den Beginn seiner Schulzeit erinnern. Helfen Sie mit, dass es ein schönes Erinnerungsbuch wird! Schreiben Sie alles Wichtige vom ersten Schultag hinein! Kleben Sie die schönsten Fotos ein, die Sie oder andere von diesem Ereignis gemacht haben!
In einer stillen Viertelstunde können Sie Ihrem Kind die Texte vorlesen, die in diesem Album stehen. Sie können mit ihm die farbigen Bilder betrachten und zusammen darüber sprechen. Dieses gemeinsame Tun bereichert und vertieft das Wissen Ihres Kindes.
Bewahren Sie das schön gestaltete Erinnerungsbuch gut auf! Wenn Ihr Kind groß ist, wird es sich freuen, irgendwann einmal hineinschauen zu können, und sich dankbar an den Beginn seiner Schulzeit erinnern.

Reinhard Abeln

Meine Schultüte

```
Platz für Foto
```

Meine Schultüte haben mir geschenkt:

_____

Viele schöne Sachen waren darin:

_____

_____

_____

Meine Schulranzen

In meinem Schulranzen waren diese Dinge

_____

_____

_____

Platz für Foto

So verlief mein Schulanfang

Aufstehen: _____

In der Kirche war ich um: _____

Aufnahmefeier in der Schule
(mit Eltern, Großeltern, Geschwistern):
_____

Zum Essen gab es: _____

Was ich am Nachmittag
gemacht habe: _____
_____
_____

Darüber habe ich mich
am meisten gefreut: _____
_____
_____

Mein Schulweg

Auf meinem Weg zur Schule muss ich mehrere Straßen überqueren. Die wichtigsten Namen sind:

_____

_____

_____

_____

An einigen Stellen muss ich besonders vorsichtig sein und aufpassen:

_____

_____

_____

Damit ich von den Autofahrern gut gesehen werde, trage ich eine besondere Kleidung:

_____

_____

_____

Die schönsten Fotos von meiner Feier

Bibliografische Information der Deutschen Nationalbibliothek
Die Deutsche Nationalbibliothek verzeichnet diese Publikation in der
Deutschen Nationalbibliografie; detaillierte bibliografische Daten sind im
Internet über http://dnb.d-nb.de abrufbar.

Quelle:
S. 14−17: © Renate Schupp, Lahr

Alle Illustrationen von Ursula Harper

Besuchen Sie uns im Internet:
www.st-benno.de

ISBN 978-3-7462-3046-7

© St. Benno-Verlag GmbH
   Stammerstr. 11, 04159 Leipzig
Umschlag: Ulrike Vetter, Leipzig
Gesamtherstellung: Arnold & Domnick, Leipzig (A)

Möge Gott auf dem Weg,
den du vor dir hast, vor dir hergehen.
Das ist mein Wunsch für deine Lebensreise.
Mögest du die hellen Fußstapfen des Glücks finden
und ihnen auf dem ganzen Weg folgen.

Mögen gute Tage deinen Weg begleiten,
freundliche Menschen dir begegnen
und die Sehnsucht dich zum Ziel führen.

Irischer Segenswunsch